Agnes Gerstenberg

SCHWERELOS / WEIGHTLESS

Ein Theaterstück / A play
Deutsch / English
Übersetzt von / Translated by

Dr. Marlene J. Norst

Impressum / Imprint

Bibliografische Information der Deutschen Nationalbibliothek:
Die Deutsche Nationalbibliothek verzeichnet diese Publikation in
der Deutschen Nationalbibliografie; detaillierte bibliografische
Daten sind im Internet über http://dnb.dnb.de abrufbar.

Übersetzt von / Translation by Dr. Marlene J. Norst in 2005.

 Förderung der Übersetzung durch /
This Translation was sponsored by:
Goethe-Institut Sydney, 2005.

Sanft überarbeitet von / Slightly revised by Jasmine Thorn in 2021.

Fotos, Umschlagestaltung und Satz: / Photos, cover design and
typesetting: Agnes Gerstenberg; Manufactured and published:/
Herstellung und Verlag: BoD – Books on Demand, Norderstedt
ISBN: 9783752627367

Mit Besonderem Dank an /
Special thanks to

Henning Fangauf

Agnes Gerstenberg

SCHWERELOS

–

RÜCKSICHT AUF VERLUSTE

Ein Theaterstück

BESETZUNG

Tom
JULIE
Frau
Mann
Ein Baby

Agnes Gerstenberg

WEIGHTLESS

–

WITH REGARD TO ANY LOSSES INCURRED

A play in 11 Scenes
translated by

Dr. Marlene J. Norst

CAST

Tom
JULIE
Woman
Man
A Baby

Über das Stück *(Regensburg 2021)*

2004 wurde „Schwerelos – Rücksicht auf Verluste" im Rahmen des Wettbewerbs *Drama-X – Stücke für eine Nacht* nach Wien eingeladen und zusammen mit neun anderen Stücken in einem Hochhaus als Werk-stattinszenierung präsentiert. Regisseurin Andrea Hügli richtete „Schwerelos" in der Tiefgarage ein.

2005 wurde Henning Fangauf, von 1997 bis 2018 Leiter des *Kinder- und Jugendtheaterzentrums in der Bundesrepublik Deutschland,* durch das *Treffen Junger Autoren* auf Agnes Gerstenberg aufmerksam. Als Teil der deutschen Delegation, der u.a. Kristo Šagor als Mentor und Björn SC Deigner als Teilnehmer angehörten, wurden die Autorin und ihr Stück zum internationalen *World Interplay – Festival of Young Playwrights* nach Townsville, Australien, eingeladen. Das *Goethe-Institut Sydney* finanzierte die Übersetzung ins Englische, die Dr. Marlene J. Norst vornahm.

Im Herbst desselben Jahres wurde „Schwerelos" auf dem *17. Frankfurter Autorenforum* für Kinder- und Jugendtheater vorgestellt und die Autorin zur Lesung und einem Gespräch eingeladen.

Zehn Jahre nach Wien kam das Stück nach Stuttgart, wo die freie Gruppe *Theater 360 Grad* unter der Leitung von Alexander Ilic „Schwerelos" mit Laien inszenierte und es am 31.10.2014 im *KKT* seine Premiere feierte.

About the play *(Sydney 2005)*

It was written in spring 2004.
The idea came from a dream that I wasn't able to reproduce exactly. The play was judged one of the 10 best entries of the 230 submitted for the Austrian *Drama-X-Competition* and premiered in Vienna on 28th April 2004. It was performed in a multi-storey building in which the selected plays were presented in parallel sessions. "Weightless" was performed in the underground car park.
I went to Vienna the Friday before so that I could sit in on the rehearsals and get to know the director (Andrea Huegli) and the actors (Rosa Artmann, Michael Pascher, Hermann Scheidleider, Brigitte Soucek).

About the play *(Addition 2021)*

In 2005, Henning Fangauf, director of the *Children and Youth Theatre Centre in the Federal Republic of Germany* (KJTZ) from 1997 to 2018, became aware of Agnes Gerstenberg through the *Meeting of Young Authors*. As part of the German delegation, the author and her play were invited to participate in the 2005 international *World Interplay - Festival of Young Playwrights* in Townsville, Australia. The *Goethe-Institut Sydney* financed the English translation of the work, which was undertaken by Dr Marlene J. Norst.
In autumn of the same year, "Weightless" was presented at the *17th Frankfurt Authors Forum for Children's and Young People's Theatre*.
Ten years after Vienna, the play came to Stuttgart, where the independent group *Theater 360 Grad* staged "Weightless" with amateur actors under the direction of Alexander Ilic. It celebrated its premiere at the *KKT Stuttgart* on 31.10.2014.

1. Szene

Die Bühne ist leer. Ganz vorn stehen zwei junge Menschen, ein Junge und ein Mädchen. Sie stehen dicht beieinander, aber sie berühren sich nicht.

Tom: Liebst du mich?

JULIE: Fragt er.
Natürlich.

Tom: Liebst du mich?

JULIE: Wiederholt er seine Worte.
Wie könnte ich nicht?

Tom: Vergiss nicht.

JULIE: Sagt er.

Tom: Und sie weiß längst, was ich meine.

JULIE: Ich weiß längst, was er meint.

Tom: Aber sie sieht es nicht so wie ich.

JULIE: Er ist nicht schuld.

Tom: Sie denkt, ich bin nicht schuld.

JULIE: Er ist nie schuld gewesen.

Tom: Sie hat es mir längst verziehen.

JULIE: Es gab nie etwas zu verzeihen.

Scene 1

The stage is bare. Two young people, a boy and a girl, stand downstage. They are standing close together but are not touching each other.

Tom: Do you love me?

JULIE: He asks me.
Of course I do.

Tom: Do you love me?

JULIE: He repeats the words.
How could it be otherwise?

Tom: Don't forget.

JULIE: He says.

Tom: And she's already well aware what I mean.

JULIE: And I'm already well aware what he means.

Tom: But she doesn't see it as I do.

JULIE: He isn't to blame.

Tom: She thinks I'm not to blame

JULIE: He was never to blame.

Tom: She's forgiven me long ago.

JULIE: There was never anything to forgive.

2. Szene

Die Szene spielt in einer Küche.
Rechts steht eine Spüle und der Herd, links ein Regal und
daneben ein Kamin, in dem ein Feuer brennt.
In der Mitte des Raumes steht ein Tisch.
Es sitzen ein älterer Herr und ein Junge, Tom, daran.
Die Mutter steht am Herd.
Die Szene läuft völlig still ab.

Tom steht auf, deckt den Tisch,
während seine Mutter im Kochtopf rührt.
Der Mann am Tisch liest Zeitung.
Aber es sind keine Geräusche zu hören.
Alles läuft ganz langsam ab,
als wären die Figuren auf der Bühne eingeschlafen.
Die Mutter spricht zu Tom, bewegt ihre Lippen,
aber es kommen keine Worte heraus.
Tom antwortet nicht.
Der Mann steht auf, erhebt die Hand gegen Tom.
Auch er spricht, ohne dass man hören kann, was er sagt.
Die Mutter stellt sich zwischen die beiden,
nimmt dann die Hände vors Gesicht, als weine sie.
Der Mann geht zurück an den Tisch, liest weiter.
Tom rührt im Kochtopf,
während sich die Mutter mit der Schürze die Augen trocknet.

Als man ein Baby im Hintergrund schreien hört,
ist die stille, langsame Szene beendet.
Der Mann stöhnt laut
und die Mutter geht mit schnellen Schritten aus der Küche.

2. Szene

The scene takes place in a kitchen.
On the right is a sink and the stove, on the left, shelves, and beside
them a fire-place with a fire burning.
In the centre of the room is a table.
An elderly man and a boy, Tom, are seated at it.
The woman is standing beside the stove.
The scene is played in total silence.

Tom stands up, sets the table
while his mother is stirring the pot.
The man at the table is reading the paper.
But no sounds are to be heard.
Everything moves very slowly
as though the characters on the stage have fallen asleep.
The mother speaks to Tom, she moves her lips
but no words emerge.
Tom does not answer.
The man gets up and raises his hand as though to hit Tom.
He, too, speaks without our hearing what he says.
The mother places herself between both of them,
puts her hands in front of her face as though she is crying.
The man goes back to the table, continues reading.
Tom stirs the pot
while his mother dries her tears with her apron.

While one hears a baby crying in the background,
the slow, silent scene draws to a close.
The man gives a loud groan
and the mother hurriedly walks out of the kitchen.

3. Szene

*Auf der leeren Bühne sitzen sich zwei junge Menschen
gegenüber, ohne sich anzusehen.
Es sind ein Junge und ein Mädchen. Es sind Tom und Julie.*

JULIE: Wie immer, die Augen trüb.

Tom: Julie macht sich zu viele Gedanken.

JULIE: Dabei könnte alles gut sein.

Tom: Sie glaubt, Gott hätte es so gewollt.

JULIE: Gott hat es so gewollt.

Tom: Sie weiß nicht, was sie verpasst.

JULIE: Er weiß nicht, was er verpasst.

Tom: Ich werde...

JULIE: Hoffentlich wird er irgendwann...

*Tom steht auf, geht zu ihr hinüber und hockt sich vor sie.
Seine flache Hand hält er vor ihr Gesicht.*

Tom: Sie ist nicht mehr da.

JULIE: Aber ich sehe ihn.

Tom: Ihre rosa Wangen, ihr Lachen. Nichts schallt mehr
durch den Hof. Sie weiß nicht, was sie verpasst.
Sie weiß nicht, was es heißt.
Nichts ist mehr, wie es mal war.

Scene 3

On the bare stage, two young people sit opposite each other without looking at each other.
A boy and a girl. Tom and Julie.

JULIE: As usual, looking sad.

Tom: Julie thinks too much.

JULIE: And actually, everything could be just fine.

Tom: She thinks God meant it to be this way.

JULIE: God meant it to be this way.

Tom: She doesn't know what she's missing.

JULIE: He doesn't know what he's missing.

Tom: I will…

JULIE: Hopefully he will at some point…

Tom gets up, walks over to her, squats down in front of her. He holds the palm of his hand in front of her face.

Tom: She isn't there any more.

JULIE: But I can see him.

Tom: Her rosy cheeks, her laugh. No sound rings out on the farm any more and she doesn't know what she's missing. She doesn't know what that means. Nothing is as it was any more.

JULIE: Und doch! Es ist alles, wie es jetzt ist.

Tom ballt seine Hände zu Fäusten.

Tom: Aber es ist nicht richtig. Es ist nicht richtig.
Sie ist, und sie denkt, und sie ist so naiv. Wenn sie
mich hassen könnte.

JULIE: Und wenn ich ihn hassen würde, es änderte
nichts. Es gibt nichts zu ändern.
Gott hat es so gewollt.

Tom: Gott hat es so gewollt...

JULIE: Denke ich.

Tom: Denkt sie.

JULIE: Und es wäre so einfach,
könnte er dies verstehen.

Tom: Glaubt sie.

JULIE: Es auf Gott zu schieben, ist nur eine Erleichterung,
eine Schuldabwälzung.

Tom: Denke ich.

JULIE: Warum?

Tom: Versteht sie mich nicht?

JULIE: Warum?

Tom: Verstehe ich sie nicht?

JULIE: But it is! Everything is as it now is.

Tom clenches his hands into fists.

Tom: But it's not right. It's not right.
She exists, she thinks and she is so naïve.
If she could only hate me.

JULIE: And if I were to hate him that wouldn't change anything. There isn't anything to be changed.
God meant it to be this way.

Tom: God meant it to be this way…

JULIE: That's what I think.

Tom: That's what she thinks.

JULIE: And things would be so simple,
if he could only understand that.

Tom: That's what she believes.

JULIE: Blaming God is just making it easier for oneself, shifting the blame.

Tom: That's what I think.

JULIE: Why?

Tom: Doesn't she understand me?

JULIE: Why?

Tom: Don't I understand her?

4. Szene

Auf der Bühne ist die Front des Hauses zu sehen.
Ein paar Meter neben der Eingangstür steht ein breiter
Baumstumpf.
Tom steht daneben und stellt einen Holzklotz auf den Stumpf.
Er schwingt die Axt, die vorher am Haus gelehnt hatte, und haut
den Klotz entzwei.
Dann nimmt er die beiden Holzstücke und bringt sie zu den
anderen, die etwas weiter weg ordentlich aufgestapelt liegen.
Tom stellt einen weiteren Holzklotz auf den Baumstumpf.

Da tritt seine Mutter aus dem Haus,
legt ihm liebevoll die Hand auf die Schulter.
Tom holt noch einmal aus und
haut den vor ihm liegenden Klotz entzwei.
Die Mutter nimmt ihm die Axt aus der Hand
und dreht ihn zu sich herum.
Dann nimmt sie sein Gesicht in beide Hände und spricht zu ihm.
Jedoch sind aus ihrem Mund keine Worte zu hören.
Die Szene ist stumm.
Tom steht regungslos, mit nichtssagendem Gesichtsausdruck vor
seiner Mutter.
Sie beginnt zu weinen und drückt ihren Jungen fest an sich.
Tom bleibt steif.

Sie geht ins Haus zurück.
Und Tom hackt weiter das Holz.

Scene 4

The stage shows the front of the house.
A few metres from the front door, there's a thick tree stump.

Tom is standing beside it and placing a block of wood on the tree
stump. He takes up the axe that was previously leaning against the
house, swings it and splits the block in two.
He then takes both pieces of wood
adding them to the pile nearby.
Tom places another block of wood on the tree stump.

His mother comes out of the house.
She places a loving hand on his shoulder.
Tom takes another swing and
splits the block of wood in front of him in half.
His mother takes the axe out of his hand
and turns him round to face her.
Then she takes his face in both hands and talks to him.
But one cannot hear a single word spoken.
The scene is played in complete silence.
Tom stands motionless before his mother, a blank expression on his
face.
She begins to cry and hugs her boy tightly.
Tom remains stiff.

She goes back into the house.
And Tom continues chopping the wood.

5. Szene

Auf der leeren Bühne sitzen zwei junge Menschen
nebeneinander. Es sind Tom und Julie.

JULIE: Warum sprichst du nicht?

Tom: Ich weiß nicht. Wieso sollte ich noch?

JULIE: Wieso solltest du nicht?
Was ist das für eine Frage?

Tom: Das ist eine sehr wichtige Frage. Wieso spreche ich
eigentlich? Wozu? Hast du dir nie Gedanken
darüber gemacht?

JULIE: Nein. Tom, ich verstehe nicht, was in dir vorgeht,
aber ich weiß, dass du nicht nur dich damit
unglücklich machst.

Tom: Ach wirklich?

JULIE: Ja, sieh dich doch nur mal um, du bist nicht allein
auf der Welt.

Tom: Mutter hat ihn und das Baby, sie brauchen mich
für die Arbeit, nicht zur Unterhaltung.

JULIE: Du bist ein so verdammter Sturkopf, ein Esel.

Tom: Ja.

JULIE: Wenn du das weißt, warum tust du dann nichts?
Brauchst du die Sprache nicht, die Worte, die so
viel ausdrücken können?

Scene 5

*On the bare stage, two young people are sitting next to each other.
It's Tom and Julie.*

JULIE: Why don't you say something?

Tom: I don't know. Anyway why should I?

JULIE: Why shouldn't you?
kind of question is that?

Tom: It's a very important question. Why do I actually talk? What for? Have you never asked yourself that question?

JULIE: No. I don't know what's going on inside you, Tom, but I do know that it's not only yourself that you're making miserable by it.

Tom: Is that so?

JULIE: Yes, just look around, you're not the only one in the world.

Tom: Mother's got him and the baby. They need me to do the work not to make conversation.

JULIE: You're so damned obstinate, such a mule.

Tom: Yes.

JULIE: If you know that, why don't you do something about it? Don't you feel the need for language, for words that can express so much?

Tom: Nein.

JULIE: Du musst dich umsehen, Tom. Du musst die Welt
wieder wahrnehmen. Es gibt noch
Dinge, die dich glücklich machen können.

Tom: Nimmst du denn noch wahr?

JULIE: Mein Gott, ist das wichtig?

Tom: Natürlich ist das wichtig.

JULIE: Aber ich bin nicht du! Und ich will auch nicht du
sein. Dein Leben ist langweilig, Tom.

Tom: Ja, das ist es.
Aber nicht, solange ich dich treffen kann.

JULIE: Und ich finde,
du solltest mich nicht mehr treffen.

Tom: Was?

JULIE: Du musst mich vergessen, Tom. So geht das nicht.
Du steigerst dich in etwas hinein, was nie war,
was längst unmöglich ist.
Du machst dich und mich unglücklich.
Du musst leben, ohne mich.

Tom: Kann sein.

Tom: No.

JULIE: You've got to look around you, Tom. You've got to become aware of the world again. There are still things out there that could make you happy.

Tom: And are you still capable of being aware?

JULIE: Good God, does that matter?

Tom: Of course it matters.

JULIE: But I'm not you! And I don't want to be you. Your life is boring, Tom.

Tom: Yes, it is.
But not as long as I can meet you.

JULIE: And I really think,
you shouldn't meet me any more.

Tom: What?

JULIE: You've got to forget me, Tom. It can't go on like this. You're working yourself up to believe in something that never existed, that's long since been impossible. You're making yourself and me unhappy. You'll have to live without me.

Tom: Maybe.

6. Szene

Die Szene spielt in der Küche.
Die Mutter sitzt am Tisch, das Baby im Arm wiegend.
Sie singt tonlos.
Als Tom mit einem Stapel Holz durch die Tür hereintritt,
bleibt er kurz regungslos stehen und sieht seiner Mutter mit dem
Baby zu. Sie blickt sich um und winkt ihn heran.
Tom legt das Holz vor den Kamin und stellt sich steif neben seine
Mutter. Sie reicht ihm das Kind.
Ohne es selbst in die Arme zu nehmen, streicht er ihm behutsam
über das Gesicht und über die Gliedmaßen.
Seine Mutter lächelt ihn an.
Dann dreht er sich weg, hockt sich vor den Kamin und macht ein
Feuer. Die Mutter steht auf und legt das Kind in die Wiege, die
neben dem Tisch steht, dann verlässt sie, ihrem Sohn über den
Kopf streichelnd, die Küche.
Tom steht auf und geht zum Baby.
Als er es aus der Wiege nimmt, ist die Küche erfüllt mit
Babygeschrei.

Tom lacht.

Scene 6

The scene is set in the kitchen.
The mother is sitting at the table cradling the baby in her arm.
She sings soundlessly.
Tom walks through the door carrying a pile of wood.
He stops briefly and stands motionless watching his mother with the baby. She turns round and beckons him to come closer.
Tom places the wood in front of the fireplace and stands stiffly beside his mother. She holds out the child.
Without taking it into his arms, he gently strokes its face and limbs.
His mother smiles at him.
Then he turns away, squats down in front of the fireplace and lights the fire. The mother stands up, puts the child into the cradle that's standing beside the table, pats her son on the head and leaves the kitchen.
Tom gets up and walks over to the baby.
As he takes it out of the cradle, the kitchen is filled with the sound of the baby's screaming.

Tom laughs.

7. Szene

Auf der leeren Bühne sitzen zwei junge Menschen nebeneinander. Es sind Tom und Julie.

JULIE: Was ist denn passiert?

Tom: Wann?

JULIE: Damals.

Tom: Wieso fragst du das?

JULIE: Weil ich es gern wissen möchte.

Tom: Du weißt es doch.

JULIE: Aber nicht von dir.

Tom: Meine Geschichte ist nicht anders als deine.

JULIE: Gelogen.

Tom: Ich verstehe dich nicht.

JULIE: Eben. Ich verstehe dich auch nicht.

Tom: Meine Liebe...

JULIE: Warum sprichst du nicht?

Tom: Was soll ich sagen. Es war Samstag.

JULIE: Ich weiß.

Scene 7

*On the bare stage, two young people are sitting next to each other.
It's Tom and Julie.*

JULIE: What happened?

Tom: When?

JULIE: At the time.

Tom: Why are you asking?

JULIE: Because I'd like to know.

Tom: But you do know.

JULIE: But not from you.

Tom: My story is no different from yours.

JULIE: That's a lie.

Tom: I don't understand you.

JULIE: Just so. I don't understand you either.

Tom: My dear…

JULIE: Why don't you tell me?

Tom: What am I supposed to say? It was Saturday.

JULIE: I know.

Tom: Und wir sind spazieren gegangen.

JULIE: Und wir haben uns verstanden.

Tom: Wie immer.

JULIE: Wie immer.

Tom: Und dann...

JULIE: Worüber haben wir gesprochen?

Tom: Über Papa.
Du hast mich gefragt, warum er gehen musste.

JULIE: Aber ich habe es nicht verstanden.

Tom: Nein.

JULIE: Und du? Hast du es verstanden?

Tom: Ich glaube schon.
Obwohl der Tod immer schwer zu verstehen ist.

JULIE: Worüber haben wir noch geredet?

Tom: Über uns.

JULIE: Wie immer.

Tom: Wie meistens.

JULIE: Was hast du gesagt?

Tom: Dass du meine beste Freundin bist.

Tom: And we went for a walk.

JULIE: And we understood each other.

Tom: As we always did.

JULIE: As we always did.

Tom: And then…

JULIE: What did we talk about?

Tom: About Papa.
You asked me why he had to leave us.

JULIE: But I didn't understand.

Tom: No.

JULIE: What about you? Did you understand it?

Tom: I think I did.
Although it's always difficult to understand death.

JULIE: What else did we talk about?

Tom: About ourselves.

JULIE: As we always did.

Tom: As we mostly did.

JULIE: What did you say?

Tom: That you were my best friend.

JULIE: Ja. Und dass du die anderen nicht magst.

Tom: Welche anderen?

JULIE: Die anderen Menschen, die Leute, die im Dorf wohnen, unsere Nachbarn, die Kinder, mit denen ich zur Schule gehe...

Tom: Über die anderen denke ich nicht nach.

JULIE: Aber ich.

Tom: Ja.

JULIE: War es ein schöner Tag für dich?

Tom: Wie kannst du das fragen? Es war der schrecklichste Tag meines Lebens.

JULIE: Ich fand ihn schön. Obwohl du traurig warst, wie immer.

Tom: Ich war nicht traurig. Wir haben doch viel gelacht.

JULIE: Ich habe gelacht, du hast mich dabei angesehen. Ich habe mich gefreut und du hast mir zugesehen. Wann hast du schon gelacht?

Tom: Ich habe viel gelacht.

JULIE: Selten.
Warum sind wir auf den Felsen geklettert?

Tom: Ich hatte es vorgeschlagen

JULIE: Yes. And that you didn't like the others.

Tom: What others?

JULIE: Other human beings, the people in the village, our neighbours, the children with whom I go to school...

Tom: I never think about the others.

JULIE: But I do.

Tom: Yes.

JULIE: Was it a lovely day for you?

Tom: How can you ask me that? It was the worst day of my life.

JULIE: I thought it was lovely. Although you were sad, as usual.

Tom: I wasn't sad. We laughed a lot.

JULIE: I laughed and you watched me laughing. I was happy and you looked at me being happy.
When did you ever laugh?

Tom: I laughed a lot.

JULIE: Hardly ever.
Why did we climb the rock?

Tom: I had suggested it.

JULIE: Nein, das war ich.

Tom: Ich hatte es vorgeschlagen.

JULIE: Nein Tom. Ich wollte rauf. Du hast immer wieder gesagt, dass es nicht gut ist.

Tom: Ich hab dich nicht abgehalten.

JULIE: Du hast gesagt, dass es gefährlich ist.

Tom: Und hab dich doch gehen lassen.

JULIE: Egal was ich wollte, du hast mich immer gelassen. Du hättest mir jeden Wunsch erfüllt.

Tom: Ja.

JULIE: Warum?

Tom: Ich weiß nicht.

JULIE: Ich weiß es. Und ich bin froh darüber.

Tom: Es war nicht richtig. Ich war kein guter Bruder. Ich hätte dich aufhalten müssen, ich hätte es dir verbieten sollen.

JULIE: Dann wärst du nicht Tom gewesen. Du hast mich nie als deine kleine Schwester angesehen. Gut, ich war deine kleine Schwester, aber ich war auch deine Freundin. Und als mein Freund hast du nicht das Recht, mir etwas zu verbieten.
Es wäre nicht richtig gewesen.
Es war immer gut, wie du gehandelt hast.

JULIE: No. I had.

Tom: I had suggested it.

JULIE: No, Tom. I was the one who wanted to climb up. You kept saying that it wasn't a good idea.

Tom: I didn't stop you.

JULIE: You said it was dangerous.

Tom: And yet I let you go.

JULIE: You always let me have what I wanted. No matter what it was. You granted me every wish.

Tom: Yes.

JULIE: Why?

Tom: I don't know.

JULIE: I know why. And I'm glad about it.

Tom: It wasn't right. I wasn't a good brother.
I should have stopped you. I should have forbidden you to go.

JULIE: Then you wouldn't have been Tom. You never treated me as your little sister. Of course, I was your little sister but I was also your friend.
And as my friend you didn't have the right to forbid me to do anything.
It wouldn't have been the right thing to do.
You always did the right thing.

Tom: Ich hätte dich nicht gehen lassen dürfen.

JULIE: Du bist ja mitgekommen.

Tom: Und konnte dir doch nicht helfen.

JULIE: Du hast es versucht.

Tom: Nicht lange.

JULIE: Wie? Warum? Du hast mich gehalten, solange es ging.

Tom: Ich habe dich nicht gehalten, solange es ging.

JULIE: Warum?

Tom: I shouldn't have let you go.

JULIE: But you came with me.

Tom: And yet, I wasn't able to help you.

JULIE: You tried.

Tom: Not for long.

JULIE: What do you mean? Why? You held me as long as possible.

Tom: I did not hold you as long as possible.

JULIE: Why?

8. Szene

Tom steht mit seiner Mutter und dem Mann vor dem Haus.
Als der Mann einen Schritt auf seine Frau zugeht, sie bei den
Händen greift und ihr dann streng ins Gesicht sieht, steht Tom
bewegungslos beim Baumstumpf. Die Axt, die er in der Hand
hält, hängt kurz über dem Boden.

Mann: Wenn er nicht anfängt zu sprechen,
werden wir ihn verkaufen.

Frau: Nein, wir werden ihn nicht verkaufen
wie ein Stück Vieh.

Mann: Er ist ein guter Arbeiter, nur etwas verrückt.

Frau: Er ist nicht verrückt. Wenn ich es dir doch sage,
er wird wieder sprechen.

Mann: Liebe Frau, wie lange ist er jetzt stumm? Ich kann
mich nicht auf ihn verlassen. Er wird unseren Ruf
zerstören, ja er macht uns zum Gespött der Leute.

Frau: Das ist nicht wahr.

Sie legt ihm die Hände an die Brust.

Frau: Er ist ein so guter Junge. Alle Arbeiten erledigt er
genauso gut wie früher. Er hat nur sehr viel
durchgemacht. Er wird wieder sprechen,
er ist doch mein Sohn.

Mann: Wenn er so weitermacht, kann er nicht bleiben.
Wir werden ihn tauschen, gegen einen gesunden
Arbeiter.

Scene 8

Tom stands with his mother and the man in front of the house. While the man takes a step towards his wife, grips her hands and looks sternly into her face, Tom stands motionless beside the tree stump. The axe in his hand is hanging down, nearly touching the ground.

Man: If he doesn't start talking,
we'll sell him.

Woman: No, we will not sell him
like an animal.

Man: He's a good worker, just a bit crazy.

Woman: He isn't crazy. I keep telling you,
he will talk again.

Man: My good woman, how long has he been dumb now? I can't rely on him. He'll ruin our reputation. He's making us a laughing stock.

Woman: That isn't true.

She puts her hands on his chest.

Woman: He's a good lad. He does his all work just as well as he used to. He's just been through a lot.
He will talk again,
after all he is my son.

Man: If he's going to carry on like this, he can't stay. We'll exchange him for a healthy worker.

Frau: Ich bitte dich, Mann, nimm mir nicht auch noch dieses Kind!

Mann: Ich habe dir nichts genommen, Frau. Sieh mich nicht so an! Ich habe dir nichts genommen. Er allein ist schuld.

Frau: Er konnte doch gar nichts dafür.

Mann: Hassen solltest du ihn, aus dem Haus jagen wie einen räudigen Hund.
Stattdessen schützt du ihn. Nichts als Unglück bringt er in dieses Haus.

Er geht mit schnellen Schritten. Lange steht die Mutter regungslos und schaut auf ihren Sohn.

Woman: I beg you, husband, don't take this child from me, too!

Man: I've taken nothing from you, wife. Don't look at me like that! I've taken nothing from you. He alone is to blame.

Woman: But it wasn't his fault at all.

Man: You ought to hate him, to chase him out of the house like a mangy dog.
Instead of that you protect him. He's bringing nothing but misfortune into this house.

He strides out. The mother stands there for a long time without moving, looking at her son.

9. Szene

Auf der leeren Bühne sitzen zwei junge Menschen
nebeneinander. Es sind Tom und Julie.

Tom: Was ist passiert damals?

JULIE: Das weißt du doch!

Tom: Aber du hast mir nicht erzählt,
wie es für dich war.

JULIE: An dem Tag bin ich gestorben.
Es war nichts weiter.

Tom: Wie kannst du sagen, es war nichts weiter?

JULIE: Es war eben nichts weiter. Es war ein dummer
Unfall, und ich bin in den Tod gestürzt.

Tom: Aber Julie, es war ein großes Unglück. Du hast
mich verlassen, du bist von dieser Erde gegangen.
Du hattest dein ganzes Leben noch vor dir.

JULIE: Und du? Hast du nicht dein ganzes Leben noch
vor dir?

Tom: Ja, ich. Aber nicht du.

JULIE: Eben, also mach auch was draus!

Tom: Ich mach doch.

Scene 9

On the bare stage, two young people sit beside each other.
It's Tom and Julie.

Tom: What actually happened then?

JULIE: But you know that!

Tom: But you've never told me,
              what it was like for you.

JULIE: I died on that day.
              Nothing else happened.

Tom: How can you say, nothing else happened?

JULIE: Because nothing else did happen. It was a silly
              accident and I fell to my death.

Tom: But Julie, it was a great tragedy. You left me behind,
              you departed from this world.
              You still had your whole life before you.

JULIE: And what about you? Haven't you still got your
              whole life before you?

Tom: Yes, I have. But you haven't.

JULIE: Well then, go ahead, do something with it!

Tom: But I am.

JULIE: Du redest mit mir, Tag für Tag. Ich bin immer noch da.

Tom: Ja.

JULIE: Und ich kann doch nicht beeinflussen, was du tust.

Tom: Nein?

JULIE: Nein.

Tom: Wie war es?

JULIE: Ich hatte einen schönen Tag, wie des Öfteren mit meinem großen Bruder.

Tom: Und als wir auf den Felsen geklettert sind? Was ist passiert?

JULIE: Ich hab mich umgesehen. Ich war so begeistert von dem Ausblick, den uns diese Höhe über unser kleines Dorf geboten hat. Ich hab unseren Hof gesehen, die Pferde auf der Weide und den großen Stall mit unseren Schweinen. Ich fand es wunderschön. Wir haben auf unser Zuhause gesehen, wie es wirklich war. So wie wir es geliebt haben. Du siehst es nicht mehr, obwohl sich nichts geändert hat. Du sprichst nicht mehr mit den Tieren, du reitest nicht mehr aus. Es ist nicht mehr das, was es einmal war.

Tom: Nein, wie könnte es auch. Du bist weg. Ohne dich ist alles still und leer.

JULIE: You go on talking to me, day after day. And I'm still here.

Tom: Yes.

JULIE: And yet I can't influence
what you do.

Tom: No?

JULIE: No.

Tom: What was it like?

JULIE: I had a lovely day, as I often did, with my big brother.

Tom: And as we climbed the rock?
What happened?

JULIE: I turned round. I was so thrilled
by the view over our little village that this height
afforded us. I saw our farm,
the horses in the pasture and the big pen with our
pigs. I thought it was absolutely beautiful.
We were able to see our home as it really was.
The way we loved it.
You don't see it anymore, although nothing has
changed. You don't talk to the animals anymore,
you don't go riding anymore. It isn't what it was
anymore.

Tom: No, how could it be. You are gone. Without you
everything is silent and empty.

JULIE: Du bist nicht fair. Du bist nur feige. Bei Vater hat sich damals auch nichts geändert. Nicht am Hof und nicht an uns.

Tom: Das ist etwas anderes.

Tom überlegt lange, ehe er weiterspricht.

Tom: Warum bist du gefallen?

JULIE: Ich bin abgerutscht. Weiß ich warum!
Vielleicht wollte ich noch näher hinsehen.
Ich habe dich an die Hand genommen und zusammen standen wir dicht am Abgrund.
Und dann bin ich wohl abgerutscht.

Tom: Wie war es?

JULIE: Was war wie?

Tom: Als du abgerutscht bist, als ich dich nur noch mit einer Hand hielt, wie hat es sich angefühlt?

JULIE: Es war wie Schwerelosigkeit. Ich habe dir in die Augen gesehen und mich gefragt, wie lange du mich noch hälst. Ich sah deinen langen, schönen, starken Arm und dachte, dass er mich dennoch nicht ewig halten kann. Ich habe nicht an die Tiefe gedacht, ich dachte nicht an den Tod. Ich dachte ans Fliegen und an meinen in der Luft hängenden Körper. Und dass ich mich frei fühlte, irgendwie.

JULIE: You aren't being fair. You're just cowardly. When it happened to Father nothing changed, not with the farm nor with us.

Tom: That's quite different.

Tom thinks for a long time before he speaks again.

Tom: Why did you fall?

JULIE: I slipped. No idea why!
Perhaps I wanted to get a closer look.
I took your hand and
together we stood near the precipice.
And, I guess, that's when I slipped.

Tom: What was it like?

JULIE: What was what like?

Tom: When you fell, when I was only holding you by one hand, what did it feel like?

JULIE: It was like being weightless. I looked into your eyes and asked myself how long you would go on holding me. I saw your long, beautiful strong arm and thought to myself, but he can't hold me forever. I didn't think about how deep it was, I didn't think about death. I thought about flying and about my body suspended in the air. And that I felt free, somehow.

.

Tom: Aber du hast geschrien. Du hast so wahnsinnig geschrien. Ich hatte solche Angst um dich, ich fühlte mich so hilflos. Du hingst an meinem Arm, alles hing von ihm, von mir ab.
Und ich hörte nichts mehr außer deinem Schreien.
Und ich sah auch nichts mehr außer deinem schmerzverzehrten Gesicht.

JULIE: Daran kann ich mich nicht erinnern. Ich habe weder geschrien, noch hatte ich Schmerzen.

Tom: Wenn ich es dir doch aber sage. Ich dachte, ich würde dir wehtun. Ich dachte, ich wär es, der dich zum Schreien bringt. Ich wusste gar nicht, was ich tun sollte, wohin mit mir.

JULIE: Und da hast du mich fallen lassen? Um dich besser zu fühlen?!

Tom: Du weißt, dass das nicht wahr ist!

JULIE: Ich frage mich ernsthaft, warum du das tust...

Tom: Was tue ich? Ich habe alles für dich getan!

JULIE: Du hast mich fallen lassen, um dich besser zu fühlen.

Tom: Das ist nicht fair. Du weißt genau, dass das nicht wahr ist.

Tom: But you screamed. You screamed like mad.
I was so terrified for you, I felt so helpless. You
hung from my arm, everything depended on it,
depended on me.
And I could hear nothing anymore but your
screams. I could see nothing anymore but your
face contorted by pain.

JULIE: I can remember none of that. I neither screamed,
nor felt pain.

Tom: But I tell you, you did. I thought
I might be hurting you. I thought it was I, who was
making you scream.
I didn't know what to do.

JULIE: That's when you let me fall? So that you'd feel
better?

Tom: You know that isn't true.

JULIE: I seriously have to ask myself,
why you're doing this…

Tom: Doing what? I've done everything for you!

JULIE: You let me fall,
that you'd feel better.

Tom: That isn't fair. You know, quite well,
that isn't true.

Julie lacht grotesk.

Tom: Ich hätte dich nie gehen lassen. Das weißt du! Ich habe alles für dich getan, alles, was du wolltest! Ich habe dich fallen lassen, weil du fallen wolltest!

JULIE: Was du dir einbildest, du bist ja verrückt!

Tom: Aber es tut mir leid...

JULIE: Lass mich! Ich bin nicht real. Du wirst mich nicht berühren können! Du wirst mich nie mehr erreichen. Wach endlich auf!

Julie laughs grotesquely.

Tom: I would never have let you go. You know that! I did everything for you, everything you wanted! I let you fall, because you wanted to fall!

JULIE: The things you imagine... you're out of your mind.

Tom: But I'm sorry...

JULIE: Let me go! I'm not real.
You won't be able to touch me!
Wake up already!

10. Szene

Vor dem Haus befinden sich Tom und seine Mutter, die das Baby
im Arm hält. Tom steht beim Baumstumpf, er hackt Holz.
Er nimmt einen Holzklotz und haut ihn entzwei.
Er nimmt sich noch einen, ohne die entzwei gehauenen Klötze
zur Seite zu räumen.
Dann noch einen.
Immer schneller hackt er das Holz, als sei er wahnsinnig
geworden.
Dann hockt er sich kurz neben den Stamm, um sich auszuruhen.
Er und seine Mutter sehen sich stumm an.
Der Mann tritt auf und geht auf die beiden zu.

Mann: Wie du ihn an siehst!
Herr Gott, wie du ihn ansiehst! Als wäre er ein
unschuldiges Neugeborenes, auf das man immer
ein Auge haben muss! Hier hast du dein Baby.

Er zeigt auf das Kind im Arm seiner Frau.

Mann: Dieses arme Geschöpf sollte deine gesamte
Aufmerksamkeit erhalten! Als hätten wir nicht
genug zu tun. Als gäbe es nicht schon genug, um
das wir uns kümmern müssten. Sieh ihn dir an!
Frau, sieh ihn dir an! Ist das ein ausgewachsener
Mann, noch dazu ein geborener Bauer? Seine
Arbeit erledigt er nur, wie und wann es ihm
gerade passt. Und was schafft er schon?
Er ist faul und langsam. Sieh ihn dir an.
Er frisst uns die Haare vom Kopf!

Scene 10

*Tom and his mother with the baby in her arms are in front of the
house. Tom is standing beside the tree stump, chopping wood.
He takes a block of wood and cuts it in two.
He gets hold of another one without putting the two halves of the
chopped block to one side.
He then takes another block.
He's chopping the wood faster and faster as though he has gone
crazy.
Then he squats down briefly beside the tree stump to take a rest.
He and his mother look at each other without speaking.
The man enters and goes up to both of them.*

Man: The way you look at him!
Good God, the way you look at him! As if he were
an innocent newborn that needed to be watched all
the time! Here's your baby.

He points to the child in his wife's arm.

Man: This poor creature deserves to have all your
attention! As if there wasn't enough to do.
As if we didn't have enough to look after.
Just look at him! Look at him, woman!
Is that a grown man and what's more a real farmer?
He only works when and how it happens to suit
him.
And what does he actually achieve?
He's lazy and slow. Look at him. And what's more
he's eating us out of house and home!

Frau: *leise* Das ist nicht wahr!

Mann: Was ist nicht wahr?

Er geht zu Tom und zieht ihn am Kragen in die Höhe.

Mann: Was ist nicht wahr? Sieh ihn dir an, Frau! Ist er nicht stumm und verrückt? Hast du noch Einfluss auf ihn? Es ist doch nur noch eine Frage der Zeit, bis er sich gar nicht mehr bewegt. Und du weißt selbst, wie die Arbeitslage ist. Die Ernten waren schlecht, es gibt wenig Arbeit. Jeder dreht seine Taler zwei Mal um. Ständig werde ich um eine Anstellung gebeten. Die Jungen aus dem Dorf würden sich über die Arbeit, wie er sie zu erledigen hat, freuen! Und wahrscheinlich würden sie zwei Mal soviel schaffen.
Noch sieht er nicht schlecht aus. Sieh ihn dir an! Noch sieht man ihm seine Krankheit nicht an. Noch könnte man ihn verkaufen.

Mann ergreift die Axt in Toms Hand, der diese dabei nicht loslässt, und streckt sie in die Höhe.

Mann: Sieh nur! Noch sieht er frisch und kräftig aus. Und er scheint gehorsam. Das wird gefallen. Frau, mach dich nicht lächerlich, mit dem Jungen ist nichts mehr anzufangen. In ihm regt sich nichts mehr.

Er lässt die Axt los – sie baumelt schwer in Toms Hand – und schlägt den Jungen ins Gesicht.

Mann: Selbst Schläge machen ihm nichts aus.

Woman: *softly* That's not true.

Man: What's not true?

He goes over to Tom and pulls him up by his collar.

Man: What isn't true? Look at him, woman! Isn't he dumb and crazy? Have you still got any influence over him? It's just a question of time till he doesn't move at all anymore. And you know yourself what the work situation is like at the moment. The harvest was poor, there's little work, no money. Everyone's counting their pennies. I'm constantly being asked for work. The lads in the village would be grateful for the work that he's asked to do. And they'd probably get twice as much done in half the time.
He still doesn't look too bad. Look at him! You still can't really tell that something's wrong with him. It would still be possible to sell him.

The man grabs the axe in Tom's hand and holds it up high but Tom refuses to let go of it.

Man: Just take a look! He still looks lively and vigorous. And seems to be obedient. That'll appeal to people. Woman, don't make a fool of yourself, there's nothing to be done with that boy. Nothing's stirring in him anymore.

The man lets go of the axe – which swings down heavily in Tom's Hand – and then he hits Tom in the face.

Man: Even blows don't bother him.

Er dreht sich zu seiner Frau um. Er lacht schallend.

Mann: Wahrscheinlich gefällt es ihm sogar!

Tom packt den Mann an der Schulter und reißt ihn herum. Er sieht ihm in die Augen, dann schlägt er zurück. Erschrocken dreht sich der Mann zu seiner Frau um.

Mann: Was, um Himmelswillen, ist das für ein Hundesohn? Der Junge lebt ja doch!

He turns to face his wife. He laughs shrilly.

Man: Actually, he probably enjoys them!

Tom grabs the man by the shoulders and pulls him around. He looks into his eyes and then returns the blow. Shocked the man turns to his wife.

Man: Well, I`ll be damned. The son-of-a-bitch has still got
             some life in him, after all!

11. Szene

Auf der leeren Bühne stehen sich zwei junge Menschen
gegenüber. Es sind Tom und Julie.

Tom: Wie geht es dir?

JULIE: Fragt er.

Tom: Es geht so. Es ist ermüdend, den großen Bruder jeden Tag unverändert zu sehen. Dass keine Entwicklung in ihm sich fortsetzt. Es ist sinnlos.

JULIE: Denke ich.

Tom: Ich werde einen gerechten Tausch machen.

JULIE: Wie? Was meinst du?

Tom: Ich werde wieder sprechen, wie du es willst.

JULIE: Endlich! Wie wunderbar.

Tom: Die Grausamkeit des Daseins für dich beenden. Ich lass dich gehen.

JULIE: Ich werde ja immer noch da sein.

Tom: Ja.

JULIE: Immer.

Tom: Ja

JULIE: Immerzu. In deinem Herzen.

Scene 11

On the bare stage, two young people stand facing each other.
It's Tom and Julie.

Tom: How are you?

JULIE: He asks.

Tom: So-so. It's tiring seeing one's big brother every day with no sign of change in him. No development taking place. It's pointless.

JULIE: I think.

Tom: I'll make a fair exchange.

JULIE: How? What do you mean?

Tom: I'll start speaking again, as you want me to.

JULIE: Finally! How wonderful.

Tom: I'll end the horror of existence for you.
I'll let you go.

JULIE: But I'll always still be here.

Tom: Yes.

JULIE: Always.

Tom: Yes.

JULIE: For ever and ever. In your heart.

Tom: In meinem Herz.

JULIE: Und du wirst endlich wieder der Alte sein.

Tom: Es gab keinen Tom ohne dich.

JULIE: Es gab mich immer nur mit dir.

Tom: Ich habe lange überlegt.

JULIE: Sehr lange.

Tom: Ich habe darüber nachgedacht. Ich habe überlegt, wie ich es anstelle. Und das brauchte Zeit.

JULIE: Und was nun?

Tom: Ich habe so lange überlegt.
Dass ich wieder sprechen kann. Und was es sein könnte, das ich opfere. Es gibt so wenig, das es mit dir aufnehmen könnte.

JULIE: Was meinst du? Ich versteh dich nicht Tom.

Tom: Ich weiß. Aber ich bin ja schon dabei. Ich überlege ja schon. Es muss etwas sein, etwas bestimmtes, das auch mit dem Unfall zu tun hatte.
Und etwas, das dir gerecht wird.

JULIE: Wovon redest du?

Tom: Ich mache einen Tausch.

JULIE: Du machst einen Tausch.

Tom: In my heart.

JULIE: And finally you will be again what you once were.

Tom: There was no Tom without you.

JULIE: I only ever existed together with you.

Tom: I've thought it over for a long time.

JULIE: A very long time.

Tom: I thought about it. I thought about how I should go about it. And that took time.

JULIE: And what's the result?

Tom: I've thought about it for such a long time. So that I can speak again. And what it might be that I could sacrifice. There's so little that would be a real match for you.

JULIE: What do you mean, Tom? I don't understand you.

Tom: I know. But I'm on the point of getting there. I'm thinking it over. It's got to be something specific, something that's also connected with the accident. And something that does you justice.

JULIE: What are you talking about?

Tom: I'm making a deal.

JULIE: You're making a deal.

Tom: Ich tausche.

JULIE: Er tauscht.

Sie geht auf ihn zu, will ihn an der Schulter fassen.

JULIE: Was tauschst du?

Die Bühne wird einen Augenblick dunkel.
Als das Licht wieder angeht, sieht man das Haus von vorn.
Tom steht am Baumstumpf.
Seinen Arm hat er auf die Fläche zum Holzhacken gelegt.
Er holt aus und schlägt mit der Axt zu.
Auf der Bühne wird es dunkel.
Der Vorhang fällt.

Tom: I'm exchanging something.

JULIE: He's exchanging something.

She goes up to him, wants to take him by the shoulders.

JULIE: What are you exchanging?

The stage is in darkness for a moment.
When the lights go on again, one can see the front of the house.
Tom is standing beside the tree stump.
He has placed his arm on the surface where the wood is chopped.
He swings the axe and strikes.
The stage grows dark.
The curtain falls.

Agnes Gerstenberg wurde 1985 in Berlin geboren.

Sie war Teilnehmerin des Lehrgangs *FORUM Text* (zum szenischen Schreiben an der *uniT in Graz)* und erhielt Stipendien u.a. vom *Stuttgarter Schriftstellerhaus e.V.* und der *Akademie für Kindermedien* in Erfurt. Als Dramaturgin und Theaterpädagogin wirkte Gerstenberg am *Jungen Ensemble Stuttgart, Theater des Lachens,* am *Staatstheater Karlsruhe* sowie am *Theater Regensburg.*

Neben dem Kinderbuch „Die Sache mit dem Sinn" und dem Theaterstück „Zu einer anderen Jahreszeit. Vielleicht" (Per H. Lauke Verlag) gehört „Schwerelos" zu den wichtigsten Veröffentlichungen der Autorin. Aktuell schreibt sie an ihrem ersten Roman mit dem Titel „Unberührt", nach dem gleichnamigen Theaterstück (Verlag Chronos Theatertexte).

Agnes Gerstenberg was born 1985 in Berlin.

She studied scriptwriting at *uniT* (Arts Association at the Karl-Franzens University of Graz) and received scholarships from multiple institutions, such as the *Stuttgarter Schriftstellerhaus e.V.* and the *Academy for Children's Media* in Erfurt. As a dramaturg and drama teacher, she has worked at different theatres in Germany. Alongside the children's book "The thing about sense" and the play "At another time of year. Perhaps." (Per H. Lauke Verlag) which was broadcast as an audio play in 2015, "Weightless" is one of her most important publications. Gerstenberg is currently writing her first novel: "Untouched", based on the play of the same name (Verlag Chronos Theatertexte).

www.AgnesGerstenberg.com